This Book Belongs To:

....

....

....

A

WEBSITE:...

LOGIN:..

PASSWORD:..

NOTES:..

....

....

WEBSITE:...

LOGIN...

PASSWORD:..

NOTES:..

....

....

WEBSITE:...

LOGIN...

PASSWORD:..

NOTES:..

....

....

A

WEBSITE:...

LOGIN...

PASSWORD:...

NOTES:...

....

....

WEBSITE:...

LOGIN...

PASSWORD:...

NOTES:...

....

....

WEBSITE:...

LOGIN...

PASSWORD:...

NOTES:...

....

....

A

WEBSITE:...

LOGIN...

PASSWORD:..

NOTES:...

....

....

WEBSITE:...

LOGIN...

PASSWORD:..

NOTES:...

....

....

WEBSITE:...

LOGIN...

PASSWORD:..

NOTES:...

....

....

B

WEBSITE:..

LOGIN...

PASSWORD:...

NOTES:..

....

....

WEBSITE:..

LOGIN...

PASSWORD:...

NOTES:..

....

....

WEBSITE:..

LOGIN...

PASSWORD:...

NOTES:..

....

....

B

WEBSITE:..

LOGIN..

PASSWORD:..

NOTES:..

....

....

WEBSITE:..

LOGIN..

PASSWORD:..

NOTES:..

....

....

WEBSITE:..

LOGIN..

PASSWORD:..

NOTES:..

....

....

B

WEBSITE:..

LOGIN..

PASSWORD:..

NOTES:..

....

....

WEBSITE:..

LOGIN..

PASSWORD:..

NOTES:..

....

....

WEBSITE:..

LOGIN..

PASSWORD:..

NOTES:..

....

....

B

WEBSITE:..

LOGIN...

PASSWORD:...

NOTES:..

....

....

WEBSITE:..

LOGIN...

PASSWORD:...

NOTES:..

....

....

WEBSITE:..

LOGIN...

PASSWORD:...

NOTES:..

....

....

C

WEBSITE:...

LOGIN...

PASSWORD:...

NOTES:...

....

....

WEBSITE:...

LOGIN...

PASSWORD:...

NOTES:...

....

....

WEBSITE:...

LOGIN...

PASSWORD:...

NOTES:...

....

....

C

WEBSITE:..

LOGIN..

PASSWORD:..

NOTES:..

....

....

WEBSITE:..

LOGIN..

PASSWORD:..

NOTES:..

....

....

WEBSITE:..

LOGIN..

PASSWORD:..

NOTES:..

....

....

C

WEBSITE:...

LOGIN...

PASSWORD:...

NOTES:...

....

....

WEBSITE:...

LOGIN...

PASSWORD:...

NOTES:...

....

....

WEBSITE:...

LOGIN...

PASSWORD:...

NOTES:...

....

....

D

WEBSITE:...

LOGIN...

PASSWORD:...

NOTES:..

....

....

WEBSITE:...

LOGIN...

PASSWORD:...

NOTES:..

....

....

WEBSITE:...

LOGIN...

PASSWORD:...

NOTES:..

....

....

D

WEBSITE:...

LOGIN...

PASSWORD:...

NOTES:..

....

....

WEBSITE:...

LOGIN...

PASSWORD:...

NOTES:..

....

....

WEBSITE:...

LOGIN...

PASSWORD:...

NOTES:..

....

....

D

WEBSITE:..

LOGIN..

PASSWORD:..

NOTES:..

....

....

WEBSITE:..

LOGIN..

PASSWORD:..

NOTES:..

....

....

WEBSITE:..

LOGIN..

PASSWORD:..

NOTES:..

....

....

D

WEBSITE:..

LOGIN..

PASSWORD:..

NOTES:..

....

....

WEBSITE:..

LOGIN..

PASSWORD:..

NOTES:..

....

....

WEBSITE:..

LOGIN..

PASSWORD:..

NOTES:..

....

....

E

WEBSITE:..

LOGIN...

PASSWORD:..

NOTES:..

....

....

WEBSITE:..

LOGIN...

PASSWORD:..

NOTES:..

....

....

WEBSITE:..

LOGIN...

PASSWORD:..

NOTES:..

....

....

E

WEBSITE:...

LOGIN..

PASSWORD:..

NOTES:..

....

....

WEBSITE:...

LOGIN..

PASSWORD:..

NOTES:..

....

....

WEBSITE:...

LOGIN..

PASSWORD:..

NOTES:..

....

....

E

WEBSITE:..

LOGIN...

PASSWORD:...

NOTES:...

....

....

WEBSITE:..

LOGIN...

PASSWORD:...

NOTES:...

....

....

WEBSITE:..

LOGIN...

PASSWORD:...

NOTES:...

....

....

F

WEBSITE:...

LOGIN...

PASSWORD:...

NOTES:...

....

....

WEBSITE:...

LOGIN...

PASSWORD:...

NOTES:...

....

....

WEBSITE:...

LOGIN...

PASSWORD:...

NOTES:...

....

....

F

WEBSITE:..

LOGIN..

PASSWORD:..

NOTES:..

....

....

WEBSITE:..

LOGIN..

PASSWORD:..

NOTES:..

....

....

WEBSITE:..

LOGIN..

PASSWORD:..

NOTES:..

....

....

WEBSITE:...

LOGIN...

PASSWORD:...

NOTES:...

....

....

WEBSITE:...

LOGIN...

PASSWORD:...

NOTES:...

....

....

WEBSITE:...

LOGIN...

PASSWORD:...

NOTES:...

....

....

F

WEBSITE:..

LOGIN...

PASSWORD:...

NOTES:...

....

....

WEBSITE:..

LOGIN...

PASSWORD:...

NOTES:...

....

....

WEBSITE:..

LOGIN...

PASSWORD:...

NOTES:...

....

....

G

WEBSITE:..

LOGIN..

PASSWORD:..

NOTES:..

....

....

WEBSITE:..

LOGIN..

PASSWORD:..

NOTES:..

....

....

WEBSITE:..

LOGIN..

PASSWORD:..

NOTES:..

....

....

G

WEBSITE:...

LOGIN...

PASSWORD:...

NOTES:...

....

....

WEBSITE:...

LOGIN...

PASSWORD:...

NOTES:...

....

....

WEBSITE:...

LOGIN...

PASSWORD:...

NOTES:...

....

....

G

WEBSITE:...

LOGIN..

PASSWORD:...

NOTES:..

....

....

WEBSITE:...

LOGIN..

PASSWORD:...

NOTES:...

....

....

WEBSITE:...

LOGIN..

PASSWORD:..

NOTES:...

....

....

J

WEBSITE:..

LOGIN..

PASSWORD:..

NOTES:...

....

....

WEBSITE:...

LOGIN...

PASSWORD:...

NOTES:...

....

....

WEBSITE:...

LOGIN...

PASSWORD:...

NOTES:...

....

....

H

WEBSITE:...

LOGIN...

PASSWORD:...

NOTES:...

....

....

WEBSITE:...

LOGIN...

PASSWORD:...

NOTES:...

....

....

WEBSITE:...

LOGIN...

PASSWORD:...

NOTES:...

....

....

H

WEBSITE:...

LOGIN...

PASSWORD:...

NOTES:...

....

....

WEBSITE:...

LOGIN...

PASSWORD:...

NOTES:...

....

....

WEBSITE:...

LOGIN...

PASSWORD:...

NOTES:...

....

....

H

WEBSITE:..

LOGIN..

PASSWORD:..

NOTES:..

....

....

WEBSITE:..

LOGIN..

PASSWORD:..

NOTES:..

....

....

WEBSITE:..

LOGIN..

PASSWORD:..

NOTES:..

....

....

I

WEBSITE:...

LOGIN...

PASSWORD:...

NOTES:..

....

....

WEBSITE:...

LOGIN...

PASSWORD:...

NOTES:..

....

....

WEBSITE:...

LOGIN...

PASSWORD:...

NOTES:..

....

....

I

WEBSITE:..

LOGIN..

PASSWORD:..

NOTES:..

....

....

WEBSITE:..

LOGIN..

PASSWORD:..

NOTES:..

....

....

WEBSITE:..

LOGIN..

PASSWORD:..

NOTES:..

....

....

I

WEBSITE:..

LOGIN...

PASSWORD:...

NOTES:...

....

....

WEBSITE:..

LOGIN...

PASSWORD:...

NOTES:...

....

....

WEBSITE:..

LOGIN...

PASSWORD:...

NOTES:...

....

....

J

WEBSITE:..

LOGIN..

PASSWORD:..

NOTES:..

....

....

WEBSITE:..

LOGIN..

PASSWORD:..

NOTES:..

....

....

WEBSITE:..

LOGIN..

PASSWORD:..

NOTES:..

....

....

J

WEBSITE:..

LOGIN...

PASSWORD:...

NOTES:...

....

....

WEBSITE:..

LOGIN...

PASSWORD:...

NOTES:...

....

....

WEBSITE:..

LOGIN...

PASSWORD:...

NOTES:...

....

....

WEBSITE:..

LOGIN...

PASSWORD:..

NOTES:..

....

....

WEBSITE:..

LOGIN...

PASSWORD:..

NOTES:..

....

....

WEBSITE:..

LOGIN...

PASSWORD:..

NOTES:..

....

....

J

WEBSITE:..

LOGIN..

PASSWORD:..

NOTES:..

....

....

WEBSITE:..

LOGIN..

PASSWORD:..

NOTES:..

....

....

WEBSITE:..

LOGIN..

PASSWORD:..

NOTES:..

....

....

K

WEBSITE:..

LOGIN...

PASSWORD:..

NOTES:...

....

....

WEBSITE:..

LOGIN...

PASSWORD:..

NOTES:...

....

....

WEBSITE:..

LOGIN...

PASSWORD:..

NOTES:...

....

....

WEBSITE:...

LOGIN..

PASSWORD:...

NOTES:..

....

....

WEBSITE:...

LOGIN..

PASSWORD:...

NOTES:..

....

....

WEBSITE:...

LOGIN..

PASSWORD:...

NOTES:..

....

....

K

WEBSITE:...

LOGIN...

PASSWORD:...

NOTES:...

....

....

WEBSITE:...

LOGIN...

PASSWORD:...

NOTES:...

....

....

WEBSITE:...

LOGIN...

PASSWORD:...

NOTES:...

....

....

K

WEBSITE:...

LOGIN...

PASSWORD:...

NOTES:..

....

....

WEBSITE:...

LOGIN...

PASSWORD:...

NOTES:..

....

....

WEBSITE:...

LOGIN...

PASSWORD:...

NOTES:..

....

....

L

WEBSITE:..

LOGIN..

PASSWORD:..

NOTES:..

....

....

WEBSITE:..

LOGIN..

PASSWORD:..

NOTES:..

....

....

WEBSITE:..

LOGIN..

PASSWORD:..

NOTES:..

....

....

L

WEBSITE:...

LOGIN..

PASSWORD:...

NOTES:...

....

....

WEBSITE:...

LOGIN..

PASSWORD:...

NOTES:...

....

....

WEBSITE:...

LOGIN..

PASSWORD:...

NOTES:...

....

....

L

WEBSITE:..

LOGIN..

PASSWORD:...

NOTES:...

....

....

WEBSITE:..

LOGIN..

PASSWORD:...

NOTES:...

....

....

WEBSITE:..

LOGIN..

PASSWORD:...

NOTES:...

....

....

L

WEBSITE:..

LOGIN...

PASSWORD:..

NOTES:..

....

....

WEBSITE:..

LOGIN...

PASSWORD:..

NOTES:..

....

....

WEBSITE:..

LOGIN...

PASSWORD:..

NOTES:..

....

....

M

WEBSITE:..

LOGIN...

PASSWORD:...

NOTES:...

....

....

WEBSITE:...

LOGIN...

PASSWORD:..

NOTES:...

....

....

WEBSITE:..

LOGIN..

PASSWORD:..

NOTES:..

....

....

M

WEBSITE:...

LOGIN...

PASSWORD:..

NOTES:..

....

....

WEBSITE:...

LOGIN...

PASSWORD:..

NOTES:..

....

....

WEBSITE:...

LOGIN...

PASSWORD:..

NOTES:..

....

....

M

WEBSITE:...

LOGIN...

PASSWORD:..

NOTES:..

....

....

WEBSITE:...

LOGIN...

PASSWORD:..

NOTES:..

....

....

WEBSITE:...

LOGIN...

PASSWORD:..

NOTES:..

....

....

M

WEBSITE:...

LOGIN...

PASSWORD:..

NOTES:...

....

....

WEBSITE:...

LOGIN...

PASSWORD:..

NOTES:...

....

....

WEBSITE:...

LOGIN...

PASSWORD:..

NOTES:...

....

....

N

WEBSITE:..

LOGIN..

PASSWORD:...

NOTES:...

....

....

WEBSITE:..

LOGIN..

PASSWORD:...

NOTES:...

....

....

WEBSITE:..

LOGIN..

PASSWORD:...

NOTES:...

....

....

N

WEBSITE:..

LOGIN..

PASSWORD:..

NOTES:..

....

....

WEBSITE:..

LOGIN..

PASSWORD:..

NOTES:..

....

....

WEBSITE:..

LOGIN..

PASSWORD:..

NOTES:..

....

....

N

WEBSITE:..

LOGIN..

PASSWORD:..

NOTES:..

....

....

WEBSITE:..

LOGIN..

PASSWORD:..

NOTES:..

....

....

WEBSITE:..

LOGIN..

PASSWORD:..

NOTES:..

....

....

N

WEBSITE:..

LOGIN..

PASSWORD:..

NOTES:..

....

....

WEBSITE:..

LOGIN..

PASSWORD:..

NOTES:..

....

....

WEBSITE:..

LOGIN..

PASSWORD:..

NOTES:..

....

....

O

WEBSITE:...

LOGIN..

PASSWORD:..

NOTES:...

....

....

WEBSITE:...

LOGIN..

PASSWORD:..

NOTES:...

....

....

WEBSITE:...

LOGIN..

PASSWORD:..

NOTES:...

....

....

O

WEBSITE:...

LOGIN...

PASSWORD:..

NOTES:..

....

....

WEBSITE:...

LOGIN...

PASSWORD:..

NOTES:..

....

....

WEBSITE:...

LOGIN...

PASSWORD:..

NOTES:..

....

....

O

WEBSITE:..

LOGIN..

PASSWORD:..

NOTES:..

....

....

WEBSITE:..

LOGIN..

PASSWORD:..

NOTES:..

....

....

WEBSITE:..

LOGIN..

PASSWORD:..

NOTES:..

....

....

P

WEBSITE:..

LOGIN...

PASSWORD:..

NOTES:...

....

....

WEBSITE:..

LOGIN...

PASSWORD:..

NOTES:...

....

....

WEBSITE:..

LOGIN...

PASSWORD:..

NOTES:...

....

....

P

WEBSITE:..

LOGIN..

PASSWORD:..

NOTES:..

....

....

WEBSITE:..

LOGIN..

PASSWORD:..

NOTES:..

....

....

WEBSITE:..

LOGIN..

PASSWORD:..

NOTES:..

....

....

P

WEBSITE:..

LOGIN..

PASSWORD:..

NOTES:..

....

....

WEBSITE:..

LOGIN..

PASSWORD:..

NOTES:..

....

....

WEBSITE:..

LOGIN..

PASSWORD:..

NOTES:..

....

....

P

WEBSITE:..

LOGIN..

PASSWORD:..

NOTES:...

....

....

WEBSITE:..

LOGIN..

PASSWORD:..

NOTES:...

....

....

WEBSITE:..

LOGIN..

PASSWORD:..

NOTES:...

....

....

Q

WEBSITE:..

LOGIN..

PASSWORD:..

NOTES:..

....

....

WEBSITE:..

LOGIN..

PASSWORD:..

NOTES:..

....

....

WEBSITE:..

LOGIN..

PASSWORD:..

NOTES:..

....

....

Q

WEBSITE:..

LOGIN...

PASSWORD:...

NOTES:...

....

....

WEBSITE:..

LOGIN...

PASSWORD:...

NOTES:...

....

....

WEBSITE:..

LOGIN...

PASSWORD:...

NOTES:...

....

....

Q

WEBSITE:..

LOGIN..

PASSWORD:..

NOTES:..

....

....

WEBSITE:..

LOGIN..

PASSWORD:..

NOTES:..

....

....

WEBSITE:..

LOGIN..

PASSWORD:..

NOTES:..

....

....

R

WEBSITE:..

LOGIN..

PASSWORD:..

NOTES:..

....

....

WEBSITE:..

LOGIN..

PASSWORD:..

NOTES:..

....

....

WEBSITE:..

LOGIN..

PASSWORD:..

NOTES:..

....

....

R

WEBSITE:...

LOGIN...

PASSWORD:...

NOTES:...

....

....

WEBSITE:...

LOGIN...

PASSWORD:...

NOTES:...

....

....

WEBSITE:...

LOGIN...

PASSWORD:...

NOTES:...

....

....

R

WEBSITE:...

LOGIN...

PASSWORD:...

NOTES:...

....

....

WEBSITE:...

LOGIN...

PASSWORD:...

NOTES:...

....

....

WEBSITE:...

LOGIN...

PASSWORD:...

NOTES:...

....

....

R

WEBSITE:..

LOGIN...

PASSWORD:..

NOTES:...

....

....

WEBSITE:..

LOGIN...

PASSWORD:..

NOTES:...

....

....

WEBSITE:..

LOGIN...

PASSWORD:..

NOTES:...

....

....

S

WEBSITE:..

LOGIN..

PASSWORD:..

NOTES:...

....

....

WEBSITE:..

LOGIN..

PASSWORD:..

NOTES:...

....

....

WEBSITE:..

LOGIN..

PASSWORD:..

NOTES:...

....

....

S

WEBSITE:..

LOGIN..

PASSWORD:..

NOTES:..

....

....

WEBSITE:..

LOGIN..

PASSWORD:..

NOTES:..

....

....

WEBSITE:..

LOGIN..

PASSWORD:..

NOTES:..

....

....

S

WEBSITE:..

LOGIN..

PASSWORD:..

NOTES:..

....

....

WEBSITE:..

LOGIN..

PASSWORD:..

NOTES:..

....

....

WEBSITE:..

LOGIN..

PASSWORD:..

NOTES:..

....

....

WEBSITE:...

LOGIN...

PASSWORD:...

NOTES:..

....

....

WEBSITE:...

LOGIN...

PASSWORD:...

NOTES:..

....

....

WEBSITE:...

LOGIN...

PASSWORD:...

NOTES:..

....

....

T

WEBSITE:...

LOGIN...

PASSWORD:...

NOTES:...

....

....

WEBSITE:...

LOGIN...

PASSWORD:...

NOTES:...

....

....

WEBSITE:...

LOGIN...

PASSWORD:...

NOTES:...

....

....

T

WEBSITE:..

LOGIN..

PASSWORD:...

NOTES:..

....

....

WEBSITE:..

LOGIN..

PASSWORD:...

NOTES:..

....

....

WEBSITE:..

LOGIN..

PASSWORD:...

NOTES:..

....

....

T

WEBSITE:...

LOGIN...

PASSWORD:...

NOTES:..

....

....

WEBSITE:...

LOGIN...

PASSWORD:...

NOTES:..

....

....

WEBSITE:...

LOGIN...

PASSWORD:...

NOTES:..

....

....

T

WEBSITE:...

LOGIN..

PASSWORD:..

NOTES:..

....

....

WEBSITE:...

LOGIN..

PASSWORD:..

NOTES:..

....

....

WEBSITE:...

LOGIN..

PASSWORD:..

NOTES:..

....

....

U

WEBSITE:..

LOGIN..

PASSWORD:..

NOTES:..

....

....

WEBSITE:..

LOGIN..

PASSWORD:..

NOTES:..

....

....

WEBSITE:..

LOGIN..

PASSWORD:..

NOTES:..

....

....

U

WEBSITE:...

LOGIN...

PASSWORD:...

NOTES:..

....

....

WEBSITE:...

LOGIN...

PASSWORD:...

NOTES:..

....

....

WEBSITE:...

LOGIN...

PASSWORD:...

NOTES:..

....

....

U

WEBSITE:..

LOGIN...

PASSWORD:..

NOTES:...

....

....

WEBSITE:..

LOGIN...

PASSWORD:..

NOTES:...

....

....

WEBSITE:..

LOGIN...

PASSWORD:..

NOTES:...

....

....

V

WEBSITE:...

LOGIN...

PASSWORD:...

NOTES:...

....

....

WEBSITE:...

LOGIN...

PASSWORD:...

NOTES:...

....

....

WEBSITE:...

LOGIN...

PASSWORD:...

NOTES:...

....

....

V

WEBSITE:...

LOGIN...

PASSWORD:...

NOTES:...

....

....

WEBSITE:...

LOGIN...

PASSWORD:...

NOTES:...

....

....

WEBSITE:...

LOGIN...

PASSWORD:...

NOTES:...

....

....

V

WEBSITE:...

LOGIN...

PASSWORD:...

NOTES:...

....

....

WEBSITE:...

LOGIN...

PASSWORD:...

NOTES:...

....

....

WEBSITE:...

LOGIN...

PASSWORD:...

NOTES:...

....

....

W

WEBSITE:..

LOGIN..

PASSWORD:..

NOTES:..

....

....

WEBSITE:..

LOGIN..

PASSWORD:..

NOTES:..

....

....

WEBSITE:..

LOGIN..

PASSWORD:..

NOTES:..

....

....

W

WEBSITE:..

LOGIN..

PASSWORD:..

NOTES:..

....

....

WEBSITE:..

LOGIN..

PASSWORD:..

NOTES:..

....

....

WEBSITE:..

LOGIN..

PASSWORD:..

NOTES:..

....

....

W

WEBSITE:...

LOGIN...

PASSWORD:...

NOTES:..

....

....

WEBSITE:...

LOGIN...

PASSWORD:...

NOTES:..

....

....

WEBSITE:...

LOGIN...

PASSWORD:...

NOTES:..

....

....

W

WEBSITE:..

LOGIN..

PASSWORD:..

NOTES:..

....

....

WEBSITE:..

LOGIN..

PASSWORD:..

NOTES:..

....

....

WEBSITE:..

LOGIN..

PASSWORD:..

NOTES:..

....

....

X

WEBSITE:..

LOGIN..

PASSWORD:..

NOTES:..

....

....

WEBSITE:..

LOGIN..

PASSWORD:..

NOTES:..

....

....

WEBSITE:..

LOGIN..

PASSWORD:..

NOTES:..

....

....

X

WEBSITE:...

LOGIN...

PASSWORD:...

NOTES:..

....

....

WEBSITE:...

LOGIN...

PASSWORD:...

NOTES:..

....

....

WEBSITE:...

LOGIN...

PASSWORD:...

NOTES:..

....

....

X

WEBSITE:..

LOGIN..

PASSWORD:..

NOTES:..

....

....

WEBSITE:..

LOGIN..

PASSWORD:..

NOTES:..

....

....

WEBSITE:..

LOGIN..

PASSWORD:..

NOTES:..

....

....

Y

WEBSITE:...

LOGIN...

PASSWORD:...

NOTES:...

....

....

WEBSITE:...

LOGIN...

PASSWORD:...

NOTES:...

....

....

WEBSITE:...

LOGIN...

PASSWORD:...

NOTES:...

....

....

Y

WEBSITE:..

LOGIN..

PASSWORD:..

NOTES:..

....

....

WEBSITE:..

LOGIN..

PASSWORD:..

NOTES:..

....

....

WEBSITE:..

LOGIN..

PASSWORD:..

NOTES:..

....

....

Y

WEBSITE:...

LOGIN...

PASSWORD:...

NOTES:...

....

....

WEBSITE:...

LOGIN...

PASSWORD:...

NOTES:...

....

....

WEBSITE:...

LOGIN...

PASSWORD:...

NOTES:...

....

....

Z

WEBSITE:..

LOGIN..

PASSWORD:..

NOTES:...

....

....

WEBSITE:..

LOGIN..

PASSWORD:..

NOTES:...

....

....

WEBSITE:..

LOGIN..

PASSWORD:..

NOTES:...

....

....

Z

WEBSITE:...

LOGIN..

PASSWORD:..

NOTES:...

....

....

WEBSITE:...

LOGIN..

PASSWORD:..

NOTES:...

....

....

WEBSITE:...

LOGIN..

PASSWORD:..

NOTES:...

....

....

Z

WEBSITE:...

LOGIN...

PASSWORD:...

NOTES:...

....

....

WEBSITE:...

LOGIN...

PASSWORD:...

NOTES:...

....

....

WEBSITE:...

LOGIN...

PASSWORD:...

NOTES:...

....

....

NOTES

www.ingramcontent.com/pod-product-compliance
Lightning Source LLC
Chambersburg PA
CBHW070738250726
48662CB00004B/1579